Le Silence des mots

Lydia MONTIGNY

LE SILENCE DES MOTS

Ou la musique secrète de l'Amour

Édition : BoD-Books on Demand
12/14 rond-point des Champs Élysées, 75008 Paris, France
Impression : BoD-Books on Demand, Norderstedt, Allemagne
ISBN : 978-2-3221-6983-2

*Dépôt légal : **Mars 2019***
©2019, Lydia Montigny

Comment

traverser l'espace

de ce Silence

où nos regards

se sont croisés ?

… en Souriant !….

AQUARELLE

Sur le miroir du lac d'argent
Se mirent les vieux saules
Cachant sous leurs épaules
Quelques cygnes blancs

Une barque se balade…
Elle glisse telle une aubade
Plongeant sans éclaboussure
Ses rames dans l'onde pure

De la rive on croirait
Qu'elles font des ricochets
Et le martin pêcheur
Les poursuit, moqueur

Le silence sur l'horizon
Se répand telle une oraison,
Et la quiétude si lisse
Fige la tendre esquisse

…/…

…/…

Les saisons n'ont pas de prise
Sur cette beauté fragile
Que rien de brise
Sinon un battement de cil

Sur le miroir du lac d'argent
Le temps se fait vapeur
Et le soleil si troublant
S'immobilise sur ce bonheur

Ne mets pas de nom
Sur la couleur des orages
On ne met pas en cage
Le vent et ses nuages

Ne mets pas de nom
Sur ton souvenir interrompu
Le temps a voulu
Que demain ne soit plus

Ne mets pas de nom
Sur l'inconnue
Qui te dit "tu"
Pas de « non »
Sur mon nom

La liberté porte ton prénom

Je ne suis pas là
Et pas ailleurs non plus...

J'ai gommé mes idées
Mes erreurs, mes projets,
Et j'ai fermé les yeux
En souriant aux cieux...

La douce respiration,
Profonde sensation,
Apporte tant de douceur
Que j'en oublie les heures...

Je suis encore ici
Et toujours pas ailleurs
Le soleil est de miel
La pluie m'émerveille...

Ton image est sculptée
Dans le creux de mon cœur
Il bat pour le bonheur
Envahissant mon corps

                                              .../...

…/…

Je veux être ici
Ici, dans ton ailleurs
Et vivre maintenant
Pendant toutes ces heures
Ou ces années lumières...
Je veux juste être là
Ici tout près de toi...

J'AI APPRIS...

J'ai appris à marcher
Un pas après un autre
Souvent l'un devant l'autre
Voire sur le côté...

J'ai gravi des sommets
A force de volonté
Contourné des idées
Qui voulaient me briser

J'ai appris à nager
Même à contre-courant,
Mais je pourrais me noyer
Dans ton regard troublant

J'ai appris à tuer
Ce temps beaucoup trop lent
Ainsi qu'à apprécier
Ce tout petit instant

Apprends-moi à mourir
De plaisir et de rire
Apprends-moi l'amour
Je m'en souviendrai pour Toujours...

Tu as gravé un nom
Sur un caillou tout rond
Sur le rond d'un tour
Sur la tour et le fou
Sur le fou de ce rire...
Sur le rire des nuages...

Il pleut ?... C'est dommage !...

J'ai cru avoir oublié
Ce que je voulais oublier
J'ai voulu cesser d'y penser
Je t'ai imaginé

J'ai cru oublier
Que je ne voulais oublier
J'ai pensé encore une fois
J'ai aimé t'imaginer

J'ai failli oublier
Sans vouloir oublier
Je veux penser encore
Que tu n'es pas imaginaire

TENDRE LA MAIN

Dans le tendre matin
Tu viens tendre la main
A ce songe incertain
Qui s'allonge vers demain...

Le chant monotone
Du vent sur l'automne
Doucement tourbillonne
Et le chat ronronne

Dans la douceur du soir
Et de son profond miroir
Les draps sans retenue
Froissent mon âme nue

En attendant le matin
Je viens prendre ta main
Sur ma vie parchemin
J'écris notre chemin

ICI OU AILLEURS

J'imagine un ailleurs
Où je n'existe pas
Et même un nulle part
Où quelqu'un m'attendra...
Dans l'abîme de ce temps
J'erre sans comprendre,
L'espace voudrait prétendre
Que les larmes de mon cœur
Sont les larmes du bonheur,
Mais l'âme aimée ne meurt
Jamais... Ni ici, ni ailleurs...

LA GUERRE BLANCHE

La nuit venait de tomber
Assombrissant mes idées
Et je cherchais à tâtons
La douceur de l'édredon...

Comment ?! Fallait-il céder
Aux prétextes démodés,
Renoncer sans comprendre,
Sans attendre, ni se défendre
Face à cette morbide pâleur
D'une page sans chaleur
Et horriblement lisse
Issue du tourment d'un abysse ?

Comment ignorer ce rien,
Ce vide qui sait si bien
Faire comme s'il savait tout ?
Ma rage emportait tout...

        .../...

…/…

Il fallait vaincre enfin,
Terrasser ce Malin,
Le fixer dans les yeux,
Taire son rire odieux,
Dans ce grand face à face
Je défiais sa menace !

Alors j'allais trouver
Dans quelle mascarade
Ma plume se cachait,
Revenir de cette croisade,
Couverte de tous ces mots
Colorés et sans défaut…

J'ai révélé au grand jour
Cette bataille, cette guerre !
Telle une humble guerrière
J'ai déposé mes armes
Lorsque j'ai vu tes larmes
Puis ai écrit sur cette page
Tous les messages de me mots sages,
Tous mes mots d'amour…

Le Bonheur

Est vainqueur

Quand la Raison

Se meurt...

ENCHAINE-MOI...

Enchaîne-moi
A tes pas qui viennent
Doucement dans ma vie,
A tes mains qui retiennent
Cet instant dans la nuit,
Sans un mot, dans un cri,
Dans ta douceur inouïe

Entraine-moi
Où la mer n'a plus de sel
Où les anges donnent leurs ailes
Où le ciel n'existe pas
Où ton ombre se colle à moi

Enchaîne-moi
A ton cœur, à ton corps,
Déchaîne-moi
A la vie, à la mort,
Alors nous saurons ce que la liberté
A de sacré...

Il faut beaucoup de tout pour faire un monde,

Un peu de tout, un peu de rien pour faire un jour

Et juste un mot pour faire de mon amour, une éternité...

Tourne la clef dans cette porte
Et les rêves t'emportent

Tourne en rond dans cette attente
Et les questions te hantent

Tourne la page sur ce qu'il faut oublier
Et tente de ne pas te retourner

Tourne ta tête, de passion et de liesse
Et l'amour te semblera ivresse

Tourne les aiguilles du temps
Et mon talon aiguille attend

Tourne la vie, et jamais ne te détourne
... Silence !... Ça tourne !...

1, 2, 3,

A compter de Demain
J'apprends à compter... !

Cela dit, ... c'était Hier...

LA BEAUTE

Elle est née
Comme naît la vérité,
Au premier jour du monde,
Sublime, dans l'esquisse d'une seconde…

Elle s'habille d'un rien,
Le vent le sait si bien,
Un superflu malin
Serait d'une indécence sans fin…

Elle est partout
Autour de nous,
Dans l'œil regardant
Le reflet envoutant
De la pureté sensuelle,
Troublante, presque cruelle…

Elle se dévoile ici
Dans la grâce d'un mot
D'un silence trop beau
Que l'on murmure la nuit…

…/…

…/…

C'est une femme de plume
Ou une flamme de lune,
La surprise des regards
Se croisant par hasard
Et des sourires émus
S'excusant d'être nus.

Telle la promesse à un bonheur,
Elle apaise de sa splendeur ;
Son harmonie est aussi subtile
Que sa délicatesse est fragile,
Cet origami de cristal
Irise notre sensibilité fatale,
Et seul notre cœur sait
La garder pure pour l'éternité…

La beauté,
En toute simplicité… EST…

Aujourd'hui
N'est plus hier
Et pas encore Demain...

J'ai cru que je n'aurais ...
Jamais assez de temps
Pour te dire

Que je t'aime...
... Tout le temps...

CREATION

Sur l'océan de la création
Il y a tant de vents
De tourments, de courants,
D'abysses bleu marine,
D'ondes tendres et câlines......

Comme un bouchon émerveillé
Je flotte librement
Entre vents et marées
Je regarde et j'apprends.

J'éclabousse mes pages
D'écume et d'azurage,
De turquoise infini,
De bleu et de ce doux gris,
De mots qui se respirent
Comme des vagues qui attirent...

.../...

…/…

Sur l'océan de la création
Je sculpte et je peins
Invente mots et parfums
Pour que ne prenne jamais fin
Ton rêve qui est le mien…

Un poète est celui qui arrose son jardin comme si sa Vie en dépendait...

Et la vie s'émerveille...

SCANNER

Il fallait s'allonger
Rester là, sans bouger,
L'aiguille déversait
Dans la veine transpercée
Un produit brûlant
Lentement dans mon sang.

Vertigineusement
Et dans un soufflement
L'anneau blanc a tourné
Je n'ai plus respiré ;
Un peu d'apnée, c'est banal
Mais dans la mer, c'est idéal…

Je restais immobile
Sans un battement de cil
Me faisant découper
Et finement trancher.

Et puis les résultats
Ont fait un brouhaha !
Tout le monde est venu
Voir ce jamais vu !

…/…

…/…

Les clichés en couleur
Effaçaient les douleurs,
Il y avait des oiseaux,
Des paysages nouveaux,
Des rêves et tant de mots,
Tout ça dans mon cerveau !

Il y a même des sourires,
Des demains à prédire,
De jolies fleurs des champs,
Du soleil et des chants…

Et puis un peu plus bas
Comme un ultime combat
L'océan qui respire
Et jamais ne soupire,
Cet air qui va et vient
A force de serrer les poings…

Je me suis relevée,
Doucement j'ai marché…
L'anneau blanc s'est éteint…
Le papillon s'endort… enfin…

Une poésie ?

C'est une simple fleur dans le bouquet de la vie...
et sans elle, le bouquet ne serait jamais épanoui...

FACE A FACE

Devant le grand miroir
Tu fais la dédicace
De ce jour en question
De la question qui glace,
A ces reflets d'espoir
Que tu lis dans tes yeux...

Quelle étrange émotion,
Quel étranger se fond
Dans le tain si profond,
Tout se colle, se confond,
C'est l'aval et l'amont...

Ta main contre ta main,
Face à face, face à main
Sans jamais se toucher
Ni même se serrer...
Approche-toi encore
Dans ce fou corps à corps...

                                                   .../...

…/…

Te voici dos à dos
Dans ce duel contre toi
Et tu vas, pas à pas…
Non ! Ne te retourne pas !
Le bonheur est vainqueur
Quand la raison se meurt…

Devant le miroir de ta vie
La réponse que tu veux
S'écrit mot à mot
Sous la buée que tu essuies
De ta peau contre ma peau…

Je ne sais pas "écrire"...

Je dessine des lettres, des mots, sur une page, en les rangeant par couleur, par forme voire par mélodie...

... Seul le lecteur en les parcourant avec son cœur saura leurs donner le vrai sens...

LA SIESTE

Le jour devient lourd,
Les bruits de plus en plus sourds,
La lumière se fait tendre,
L'air semble se détendre...

Comme il est difficile
De ralentir le temps !
La réalité oscille
Entre le sens du vent
Et les vagues de l'océan...

Penser devient un effort
Un mal tors, à tort,
Un esclavage indolore
Qui s'éteint sans éclore.
L'oisiveté est le trésor
Anéantissant mon corps.

.../...

…/…

Que faire, sinon rien ?
Ce délice, ô combien aérien,
Flâne par mots et mollesse
Irisé de délicatesse…
Le murmure de l'indolence
Excuse mon absence…

Je m'endors en souriant
Heureuse de cet instant,
Et dans ton rêve, m'éveille…
Je vis dans ton sommeil…

VENEZIA

Entre le vent qui passe
Léger et fantasque,
Et le temps qui enlace
Les âmes sous les masques,
On entend des pas courir
Sur le pont des Soupirs...
Carnaval de l'inconnu
Seul l'Amour t'a reconnu !...

LA BALANCE DU TEMPS

Exercice

Debout, pieds joints, le corps bien droit, les épaules baissées, les bras écartés :

Dans la Balance du Temps,
il y a "avant", d'un côté
et "après" de l'autre.
Le "présent" est juste là, au milieu de ton front...

Ferme les yeux, monte sur la pointe des pieds, et garde l'équilibre....

Tu trouveras l'instant présent !

A vouloir penser à Tout,

on oublie l'Essentiel :

ce petit Rien

qui fait le Présent...

UNE LETTRE

J'ai imaginé une lettre
Qui n'existe nulle part,
Que je dessinerai peut être
Un peu plus bas, un peu plus tard...

Je l'ai tracé des yeux
Dans le ciel si bleu,
Entre les nuages blancs
Et le soleil éblouissant...

Pour ne pas faire d'erreur
J'ai essayé ailleurs :
Juste du bout du doigt
Sur la neige dans le froid,
Sur la plage de sable fin,
Sur les vagues du matin

.../...

…/…

Je l'ai peinte de couleurs
Comme les pétales des fleurs
Parfumée de saveurs
De miels venus d'ailleurs…

J'ai dessiné une lettre
Avec tout l'amour de mon être
Et les battements de mon cœur…

…Puisse-t-elle te porter bonheur…

Il a déchiré mon rêve
Comme on déchire une feuille,
A jeté mon histoire
Comme la houle sur la grève,
Il a piétiné mes lettres
Comme une feuille de « soi »,
A déchiré ma page
Comme on arrache un bras...
... Et il a ri,
D'un rire mat et froid,
Le regard plein de colère
Le cœur vide d'émoi...
Il a pleuré...

Il ne savait pas lire....

Il est plus délicat et difficile

de poser

LA

bonne question

que de trouver

la réponse...

J'écris cette heure
Avec la lente rondeur,
La pâle lueur du matin
Se posant sur mes reins

Je pose cette fleur
Sur ta bouche, sur ton cœur,
Sous ton regard charmeur,
Et sur ta peau, son odeur...

Je ris à ce voleur
Ravissant mon bonheur,
A la vie et ses couleurs,
A l'amour créateur
De cette heure...

Mon plus beau voyage

Ce n'est pas celui d'aller vers toi,
A travers le temps
Par-dessus les océans,
Sous le soleil éclatant
Dans l'air enivrant,
C'est ne pas croire ce que je vois,
Gommer toutes les saisons
Et ce silence qui tait ton nom

Mon plus beau voyage

C'est de fermer les yeux
Dans le ciel de tes vœux,
Ressentir dans l'instant
La vie couler dans mon sang
En écoutant les battements
De ton cœur amoureux…

LA VIE EN COULEURS

Une seule couleur dans la vie est impossible,

Elle a besoin des autres pour exister...

On ne peut écrire blanc sur blanc, ni noir sur noir, et elles s'accordent avec tant de merveilleuses nuances...

La vie est en couleurs !

BEAU...COUP

D'un seul coup
Tout a disparu !...

Etait-ce un coup du sort
Ou un coup du hasard ?
C'était un coup de maître !
Un grand coup de théâtre !

Nul temps d'aller ailleurs
Ne fusse qu'en coup de vent,
De jeter un coup d'œil
A ce coup de chaleur,
A faire, d'un coup de crayon,
Les quatre cent coups,
Et pour le coup, de grâce,
Le tout sur un coup de blues...

.../...

…/…

A tous les coups, c'était lui !
Le coup de folie était là
Nous fixant tout à coup,
Gravant notre coup de cœur
Dans l'éternel temps fou
Comme un grand coup de soleil
Un fulgurant… coup de foudre…

A force de ne pas regretter

ce qui a été,

on pourrait s'imaginer

devenir nostalgique

de ce qui n'a pas été…

JE COURS...

Je cours ...

Après ce temps
Qui est Demain
Comme un Printemps
Au creux des mains
Pour t'offrir les fleurs
De mon bonheur...

Je cours...

Devant ce temps
Qui est Hier
Comme un hiver
Dans ma vie de guerrière
Pour t'offrir un demain
Sur mon humble chemin...

.../...

…/…

Je cours

Pendant tout ce temps
Qui est le Présent,
Comme une raison d'être
Venant à peine de naître,
Comme la douce étincelle
Dans ton regard intemporel…

Viens… Courons !....

J'ouvre les volets
La nuit s'enfuit

Je ferme les yeux
Le vent se lève

J'ouvre les bras
Sur l'horizon de lumière

Je ferme mes mains sur tes mains

Et t'ouvre mon cœur...

J'ai égrainé le temps
Sur les jolis chemins
Bordés de lavandins,
De thym et de serments

J'ai effeuillé les rêves,
En parcourant sans trêve
Les airs, les océans
Dans les livres d'enfant

J'ai égoutté le ciel
Des larmes du soleil,
Effacé tout le noir
Des nuits de désespoir

J'ai effleuré ta main
D'un sourire le matin,
Effarouchant ce temps
Qui nous enlace tendrement…

Une émotion...

C'est une vague gigantesque
Un air iodé t'étourdissant,
Le chant du vent t'invitant presque
A te rouler dans le sable blanc...

... Que s'éveille la mer
Soulevant le bleu et le vert,
Qu'explose ma passion
Telle la liberté de ton émotion...

IL ETAIT UNE FOIS

Il était une fois,
Une fois simplement,
Car on confond parfois
Avec une autre fois
Qui n'est pas autrefois…

Il était une fois,
Pour la deuxième fois !...
Comme on s'égare quelques fois !
Une histoire à la fois !

Cela dit, c'est trois fois rien
Mais deux fois plus
Qu'il n'en faut toutefois
Comme on le croit bien des fois
Pour avoir foi
En ces dires… Ma foi !...

                          …/…

…/…

Il était une fois
Pour la énième fois
Et la prochaine fois
Sera … comme la première fois …

La Solitude

commence

là où l'Echo

s'achève...

INATTENDU

Tu es ce mot inattendu
Auquel je ne croyais plus
Ce mot léger, suspendu
A cette plume si menue

Tu es la question inattendue
Le pourquoi qui s'est tu
Le comment qui s'est perdu...
D'où es-tu venu ?

Tu es la vie inattendue,
Cet oasis où j'ai bu
Les saisons imprévues
Et tes mots défendus

.../...

…/…

Tu es ce toi inattendu
Une destinée si voulue
Et pendant tout ce temps, il a plu…

… Ne pleure plus…

MULTICOLORE

J'écris en gris
Le nom d'une souris
En gris-gris gris
Sur le totem surpris

J'écris en bleu
Des vœux dans les cieux
Des paradis délicieux
Des adieux dangereux

J'écris en vert
Les lettres de l'Univers,
Au parfum extraordinaire
De menthe et de vétyver

J'écris en jaune
Les silhouettes de la faune
Que la jungle sauvageonne
Jamais n'abandonne

       …/…

…/…

J'écris en blanc
Les heures sur le cadran
Mes rêves doux et troublants
Le chant des sirènes sur l'océan

J'écris encore
Sur l'arc en ciel tout en or
Sur la carte au trésor
De ton cœur où je dors…

Dans les méandres du jour
Mon âme traîne, flâne, s'étale...

Les premiers rayons sont velours
Sur ma paresse d'or pâle,
Et mon sourire rose pétale...

L'étreinte du temps m'est égale...

Mon âme erre lentement
Dans la tendresse de tes sentiments...

Viens,

Viens faire un tour,
Un tour de magie
Où les étoiles rient
Où l'horizon est rond
Et l'eau passe sur les ponts...

Viens jouer un tour
Simple comme bonjour,
Un tour du monde
Vu de la tour Eiffel,
Un tour à tour
De la reine à la Tour,
Elle attend son tour
Puis lasse, fait demi-tour...

Viens faire un tour
Un tour sans détour
Ni tours chaînés,
Le tour de tout,
Et surtout,
Ne passons pas notre tour...

Dans la Folie d'un mot,

il y a la forme de ses lettres,

la danse de son sens

et tes yeux qui le lisent

à haute voix

dans le Silence......

L'OBSCUR DU MONDE

Dans l'obscur de ce monde
Tant de gens confondent
La couleur pour mourir
Et la vie qui expire.

La guerre entre deux portes
Sans raison est plus forte
Que d'ouvrir les bras
Sans arme, sans combat...

Qu'importe la déchéance
Sous le poids de l'ignorance,
Les étoiles sont fanées
Et les aciers, vrillés

Les horreurs gluantes
Deviennent anémiantes.
Pourquoi tant de gris
De hordes d'hystérie ?

.../...

.../...

Les sueurs et les suies
Sur les âmes s'essuient
Par des gestes de peurs
Et de rêves qui se meurent.

La noirceur envahit
Chaque sourire de la vie
Engloutissant encore
Les silences trop forts

Les mots de la souffrance
Ignorent la distance
Entre celui qui crie
Et celui qui guérit

Dans l'aube de ce jour
Je veux croire toujours
A l'espoir étincelant
Dans tes yeux maintenant

J'aime la couleur...

De la sève qui dessine
Les forêts, vertes et divines
Où les arbres immenses
Mélangent leur essence...

J'aime l'odeur suave
Du sable et des agaves
Des pétales dégoulinants
De nectars enivrants...

J'aime la couleur
Du soleil sur ta peau
De ton ombre sur mon dos
De l'amour dans tes mots...

Entre la Sagesse

et la Stupidité,

il y a juste la place

d'un point d'exclamation…..

… ou pas…

… !...

LA CONSCIENCE

Il faut de la délicatesse
Pour la toucher sans que je ne la blesse,
Et beaucoup de tendresse
Pour que le doute ne transgresse...

La conscience est réelle
Ancrée dans l'absolu
Tandis que le rêve, à tire d'aile,
L'ignore... superflu...

Alors je fléchis et réfléchis,
Maudis miroir de réflexion,
A ce que la mémoire inscrit
Sur la trame de ma passion...

La conscience est l'existence,
Un sentiment, sens et présence
La certitude de la liberté,
Et ma pensée... vers ta pensée...

L'important

est de croire

que le chemin est possible

...

Qu'importe le temps

et les éléments,

l'Essentiel est

à Vivre...

UNE PARTIE DE BOULES

C'est un bruit de platanes, de poussière blanchie.

Un bruit d'ombres et de lumières, de terrasses, de chapeaux de paille... Les boules claquent parfois dans un éclat triomphant pour un carreau lointain, et qu'on n'espérait plus, parfois d'une sonorité plus modeste, se finissant dans un roulement feutré. Là où il y avait un silence, les commentaires déferlent, furieux ou sereins... comme si la réussite allait de soi... Mais l'échec ne doit-il pas rester contre nature ?

C'est un bruit qui vole dans l'après-midi, dans la chaleur du village assoupi.

C'est un bruit frais, de la fontaine proche, coulant sans retenue, invitant les joueurs à un
peu de fraîcheur.

Tout est dialogue en quelques signes ou quelques regards. Alors on trace le cercle dans le sol poussiéreux, il s'accroupit, fait sauter la boule ronde et brillante dans sa main, balance lentement son bras, et tire....

CONTRE TOI

Contre l'orage
Je reste sage
Cherchant le présage
Foudroyant ma page

Contre la malchance
Je souris, et pense
Qu'il suffit d'indulgence
Pour taire l'indifférence

Contre la mort
C'est la vie qui me mord
Et la rage au corps
Je te donne ce trésor

Contre toi simplement
Je vis le présent
Le vide n'existe plus
Dans ton amour absolu

MAINTENANT

La saveur de l'instant
N'est pas celui appartenant
Ni à hier, ni à demain encore,
Même si tu peux l'espérer très fort

Minuscule et grandiose
Il t'envahit et se pose
Sur ton esprit et ton corps…
Tu ne rêves ni ne dors…

L'émerveillement te ravit
T'envahit, et tu Vis !
L'inutile est futile,
L'instant est idylle…

LE POETE

Le philosophe dessine un masque
Le poète le démasque

Le clown joue avec des ballons multicolores
Le poète écrit sur une page incolore

Le soleil et ton ombre sont réels
Le poète t'imagine irréel

Le monde court sur un chemin connu
Le poète passe devant toi, inconnu...

A LA POURSUITE DU TEMPS

Je pardonne à l'Univers
De tourner à l'envers,
D'oublier que l'espace...
Est un face à face de feu et de glace

Je pardonne à ces hommes
D'ignorer les fantômes,
D'oublier la couleur de leur sang, de leur chair
Savent-ils qu'ils sont tous frères ?

Je pardonne à la Vie
D'avoir la mort comme amie,
D'oublier que l'éternité
De mon amour lui est dédiée

Je te pardonne à toi qui lis
Et simplement te dis... Merci...
L'oubli est le sourire du temps,
Le temps est un trésor sage et confiant...

ECRIRE...

... la Douleur avec un C pour la rendre plus douce et colorée

... ce petit Rien avec un B pour le plaisir de te l'offrir

... ce Non avec une bulle de cristal posée sur son Oui

... le Monde avec un R pour qu'on se tienne tous par la main

... Chance avec un D, en pas chassé, en pirouette, en pas de deux, avec grâce

... Toujours avec un A, par Amour...

... avec nos mains, avec nos corps, avec nos yeux, avec notre âme, mais Ecrire pour te le dire...

Les mots du Silence

Sont les mots des Anges

Tout est pure confiance

Dans ce rêve étrange

AU JARDIN

Je me suis éveillée
Dans un joli jardin
A l'heure où l'été
Rougit dans le matin

La rosée avait perlé
Ses bulles irisées
Sur ma robe brodée
Encore toute froissée

Je me suis redressée
Pointant le bout du nez
Vers le soleil, émue :
Je ne l'avais jamais vu

La tiédeur de l'air enivrante
Faisait tourbillonner
Les abeilles impatientes
De ces parfums sucrés

.../...

…/…

L'existence était bonheur
Jusqu'à l'instant d'horreur
Où un homme s'est approché :
Ma vie devait cesser

Une abeille furieuse
Piqua la main tueuse !
Elle partit en hurlant,
Se tordant, gesticulant !

Depuis dans le jardin
Règne mon doux parfum
Mais personne n'ose
Ni en vert, ni en rose
Déranger mon bonheur

Signé : Ta petite Fleur…

AMBIGUITE...

Qui est-il ?
Qui est-elle ?
Ambiguïté de la nature...
Rendant les jours obscurs

Est-il cette erreur
Est-elle sans-cœur ?
Ce n'est pas un déshonneur
De mélanger les corps
Mais combien ignorent
La vie dans toute sa splendeur...
Il n'y a rien à inventer
Juste à accepter
A comprendre, sans juger...
La noblesse de l'âme
Celle qui jamais ne blâme,
Est-elle gravée
Entre le masculin et le féminin ?
Qu'importe le chemin
Demain, sera un autre jour...

INVISIBLE

Dans l'invisible, c'est l'esprit qui devine
Les paysages sages,
Les ciels d'orage,
Tout cet étrange dehors
De la nuit à l'aurore...
Il peut rendre divin
La mystérieuse lueur
D'un soleil sur la peau,
De ses rayons trop chauds

Il est l'invisible bonheur
Qu'on cherche du bout des doigts
Qu'on serre dans ses bras,
L'invisible souvenir
Tellement là, tellement vrai
Comme un lointain sourire
Naissant dans un soupir
Comme un ciel étoilé
Où d'invisibles poésies
Scintillent de leurs mélodies...

Livres précédents :

- *Dans le vent* (VII 2017) BoD
- *Ecrits en amont* (VIII 2017) BoD
- *Jeux de mots* (VIII 2017) BoD
- *Etoile de la Passion* (VIII 2017) BoD
- *As de cœur* (XI 2017) BoD
- *Pensées éparses et parsemées* (XI 2017) BoD
- *Le Sablier d'Or* (XI 2017) BoD
- *Rêveries ou Vérités* (I 2018) BoD
- *Couleurs de l'Infini* (II 2018) BoD
- *Exquis Salmigondis* (V2018) BoD
- *Lettres Simples de l'Etre simple (VI2018) BoD*
- *A l'encre d'Or sur la nuit (IX2018) BoD*
- *A la mer, à la Vie (XI2018) BoD*
- *Le Coeur en filigrane (XII2018) BoD*